EXTRAIT DU CATALOGUE GÉNÉRAL

DE L'

ÉTABLISSEMENT AGRICOLE

DE

EDMOND GANNERON

INGÉNIEUR CIVIL

Quai de Billy, 56, à Paris

PREMIÈRE PARTIE

MATÉRIEL AGRICOLE

PROVENANT

DES MEILLEURES FABRIQUES D'ANGLETERRE

1860

EXTRAIT DU CATALOGUE GÉNÉRAL

DES

MACHINES ET INSTRUMENTS

AGRICOLES

DE

EDMOND GANNERON

Quai de Billy, 56, à Paris

(ENTRE LES PONTS DE L'ALMA ET D'IÉNA)

———

**Tous les prix mentionnés dans ce Catalogue
sont ceux des objets livrés à Paris.**

———

Les Ventes se font au comptant sans Escompte.

———

1860

Entrepôt général des Machines et Instruments d'Agriculture provenant des meilleures fabriques de France et d'Angleterre.

·Cet établissement a été fondé dans le but de créer en France un centre agricole permanent où tous les appareils, réunis et essayés autant que possible, permissent aux cultivateurs de faire un choix judicieux et éclairé du matériel qui convient le mieux aux conditions de leurs exploitations.

En publiant l'extrait suivant de mon Catalogue général, j'ai pour but d'appeler spécialement l'attention des agriculteurs sur le matériel agricole généralement employé dans les bonnes fermes anglaises, et notamment sur les machines et instruments marqués *Ransomes et Sims*, dont l'exécution est, sous tous les rapports, vraiment remarquable.

EDMOND GANNERON

Ingénieur civil.

SPÉCIALITÉ DE MATÉRIEL AGRICOLE

ACQUISITIONS ET VENTE A COMMISSION

DES ANIMAUX REPRODUCTEURS

Des Engrais — Des Semences

EXTRAIT DU CATALOGUE GÉNÉRAL

DES

MACHINES & INSTRUMENTS AGRICOLES

DE

Edmond GANNERON

INGÉNIEUR

Quai de Billy, 56, à Paris

TOUS LES PRIX MENTIONNÉS DANS CE CATALOGUE SONT CEUX DES OBJETS LIVRÉS A PARIS.

IL N'Y A ABSOLUMENT QUE LA VALEUR

DE L'EMBALLAGE A AJOUTER LORSQU'IL EST NÉCESSAIRE.

Les Ventes se font au comptant et sans escompte

CHARRUES PRIMÉES, EN FER, A AGE MASSIF

CHARRUE POUR UN PETIT CHEVAL, B. F. I. EN FER

Poids, 32 kilogrammes.

Cet instrument, adapté à la force d'un petit cheval, convient à toutes les espèces de sol pour les labours peu profonds; toutefois dans les terres légères on peut le faire pénétrer à une profondeur de 0^m,15. Il est fort utile pour les buttages, pour les labours qui précèdent la semaille de l'orge, du blé de mars et des turneps.

CHARRUE EN FER, A UN CHEVAL, B. F. S.

Poids, 54 kilogrammes.

Semblable en construction à celle ci-dessus marquée B F I, mais plus solide, et convenant à la force d'un cheval de ferme ordinaire, elle ouvre un sillon de 0^m,15 de profondeur sur 0^m,23 de large.

CHARRUES EN FER, BREVETÉES, A AGE COMPENSÉ

CHARRUE LÉGÈRE, EN FER, BREVETÉE, Y. W. A.

Prix au concours de Warwick.

Cette utile charrue est construite en fer forgé. Elle est légère, d'un tirage facile, fonctionne régulièrement. Elle est faite pour 2 chevaux et ouvre un sillon de 0^m,17 de profondeur, sur 0^m,24 de large.

CHARRUE BREVETÉE, Y. W. B.

Prix au concours de Warwick.

Cette charrue est de même construction, seulement plus forte. Elle fait un travail excellent, sert à tous les labours et ouvre un sillon de 0m23 de profondeur.

CHARRUE BREVETÉE, Y. W. C.

Prix au concours de Warwick.

Cette charrue, faite pour 4 chevaux et pour les profonds labours ne dépassant pas 0n,30, est construite comme celles ci-dessus; son travail est excellent.

CORPS DE BUTTOIR, Y. W. B.

Ce corps de buttoir peut facilement s'adapter à la charrue Y. W. B., après avoir enlevé le corps; il y en a de pareils pour les charrues Y W. A. et Y. W. C.

CORPS DE CHARRUE SOUS-SOL, Y. W. B.

Il s'adapte à la charrue J. W. B. avec facilité; il y en a de pareils pour les charrues Y. W. A., et Y. W. C.

CHARRUES PRIMÉES, EN FER, A AGE MASSIF

CHARRUE EN FER PERFECTIONNÉE & BREVETÉE, V. R. L.

1er PRIX. — Une médaille d'or et 100 francs à l'Exposition universelle de Paris de 1855.

Cette charrue, de la force de deux petits chevaux, convient à tous les sols; son tirage est fort léger; la forme excellente de son versoir la met à même de fonctionner partout. Le soc s'adapte sur une tige à levier, de manière que l'on peut lui donner plus ou moins d'entrure à mesure qu'il s'use, ou lorsque l'état du sol l'exige.

CHARRUE PERFECTIONNÉE EN FER FORGÉ, T. C.

On demande depuis longtemps une charrue à la fois très-puissante, très-simple et très-solide, propre à ouvrir le sol après les déboisements. Je recommande celle-ci avec confiance à l'attention des agriculteurs. Pour les labours ordinaires, elle demande deux chevaux; mais dans les sols tenaces, surtout si l'on veut labourer profondément, elle emploie quatre chevaux, à l'effort desquels elle résiste parfaitement. Le soc est monté sur une tige à levier très-solide en fer forgé.

Cette charrue a été soumise aux essais les plus sévères, dans des sols remplis de racines: elle s'y est très-bien comportée.

CHARRUE BISOC PERFECTIONNÉE, A DEUX CHEVAUX, B. F. S. D.

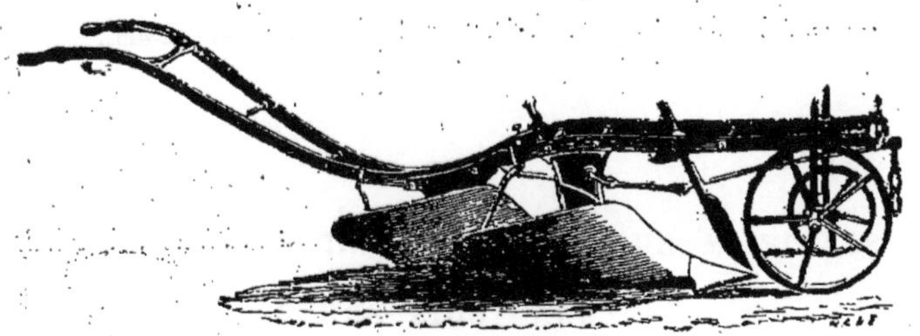

Cette charrue est excessivement utile, et d'un emploi fort économique ; elle se compose, comme on le voit, de deux corps de charrue jumeaux et ouvre deux sillons à la fois. Elle consiste essentiellement en deux charrues à un cheval. (B. F. S.) disposés pour fonctionner ensemble. Dans les sols légers et faciles à cultiver, on en obtient, avec un homme et deux chevaux, autant de travail qu'on l'a fait jusqu'ici avec deux charrues, deux hommes et quatre chevaux. Cette charrue ouvre deux sillons de chacun 0m15 de profondeur sur 0m23 de large ; on peut, si l'on veut, la régler de manière à obtenir des largeurs de 0m25, et même de 0m28.

BUTTOIR EN FER POUR FORMER LES BILLONS, D. B. O.

Cet instrument sert à butter les plantes semées en lignes : il soulève la terre, et la jette légèrement à droite et à gauche. Il est fort utile pour ouvrir des raies d'écoulement entre les billons formés par la charrue. En enlevant les versoirs, on peut l'employer comme charrue à large soc, pour déchaumer ou pour nettoyer le sol. En y ajoutant deux couteaux recourbés on le transforme en une houe à cheval.

BUTTOIR LÉGER EN FER, B. F. D.

Même construction et mêmes services dans les travaux légers ci-dessus.

SCARIFICATEUR ÉCOSSAIS PERFECTIONNÉ, MONTÉ
SUR TROIS ROUES

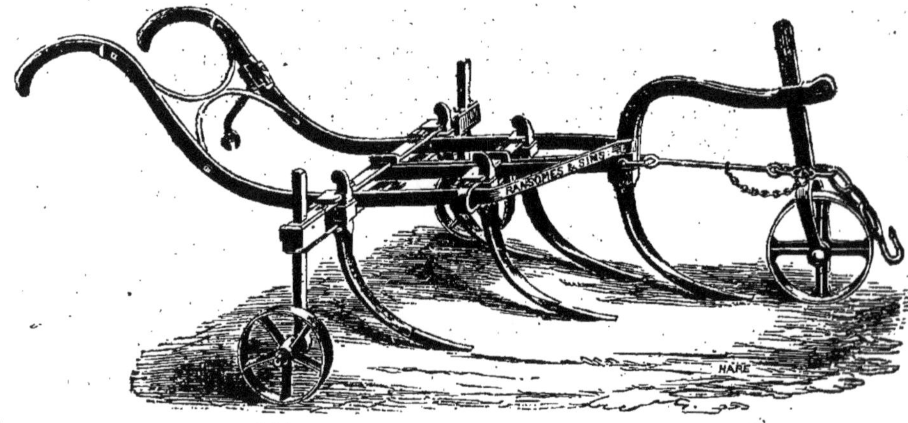

Cet instrument est fort utile pour nettoyer le sol et déchaumer après la moisson. Il est tout en fer forgé et demande la force de deux chevaux. La forme angulaire de ses pieds, qui sont à section carrée, rend son action fort efficace pour diviser le sol, et en même temps diminue la traction. Il couvre une largeur de 0m94 et peut pénétrer de 0m10 à 0m20.

Le meilleur moment pour l'employer est après la moisson. On commence par scarifier les chaintres, après les sillons du champ, faisant pénétrer l'instrument à la moitié de la profondeur du labour ; cette façon est suivi d'un hersage, après lequel on scarifie de nouveau, piquant plus profondément. Deux chevaux peuvent facilement scarifier 120 ares par jour en hiver et 160 au printemps.

SCARIFICATEUR PERFECTIONNÉ, A DEUX CHEVAUX

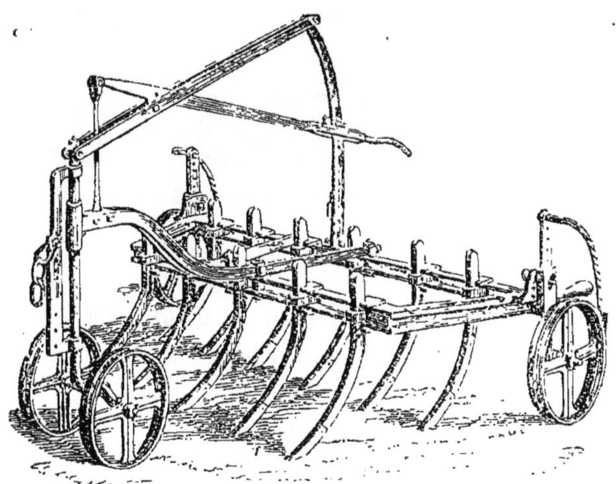

Cet instrument est fait presque entièrement en fer forgé. Il est fort utile pour pulvériser et nettoyer les sols moyens et légers.

Il est principalement employé à faire du guéret dans les terres en jachère destinées aux pommes de terre, aux turneps, etc., etc.; son tirage est léger et son action puissante ; il peut aussi servir à biner les fèves, en ajustant les dents à la distance nécessaire pour qu'elles ne passent que dans les lignes.

Il porte onze dents, cinq devant, six derrière; on peut en faire varier la position sur les deux barres, ou seulement par devant, selon le travail à exécuter.

HERSES DE L'EST DE L'ANGLETERRE PERFECTIÓNNÉES

Primées au concours de la Société royale d'agriculture de Chelmsford, en 1856.

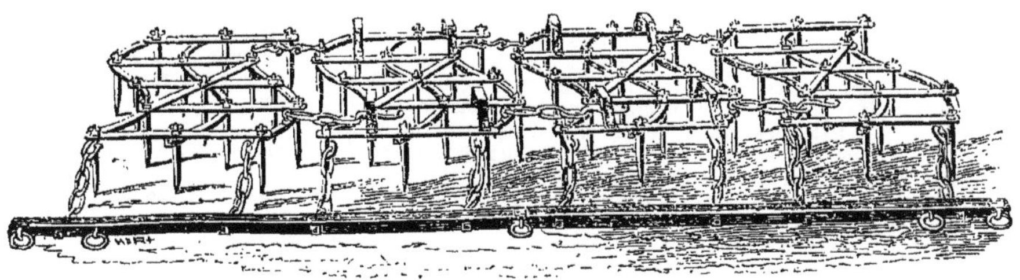

Ces herses perfectionnées possèdent, tant par leur forme que par le perfectionnement de leur construction, des avantages que ne peuvent méconnaître des agriculteurs pratiques. La forme particulière de leurs limons, qui sont reliés diagonalement, place les dents de telle façon, que chacune d'elles trace son sillon particulier, et à une distance toujours égale. Les brides qui les relient sont d'un nouveau modèle, et maintiennent les herses de manière à leur faire tracer des lignes tout aussi régulières à leur point de jonction que dans le milieu de chacune d'elles. Les dents portent toutes un petit épaulement avec palette oblongue qui empêche leur rupture, quelle que soit la rudesse de l'ouvrage ; les écrous qui retiennent les dents sont fixés par un système simple, et ne peuvent se relâcher. Les crochets d'attelage sont doubles, afin que les herses ne passent pas les unes par dessus les autres dans les terres molleuses ; elles portent aussi des crochets par derrière, pour permettre de les traîner à l'envers en hersant les mêmes graines ; les dents pénètrent aussi moins profondément, ce qui est préférable dans certains cas.

Il y a trois grandeurs de herses, savoir : *les herses lourdes,* — *les herses moyennes,* — *les herses légères.*

FANEUSE NICHOLSON, A DOUBLE ACTION

Premier prix au concours de Salisbury, en 1857.

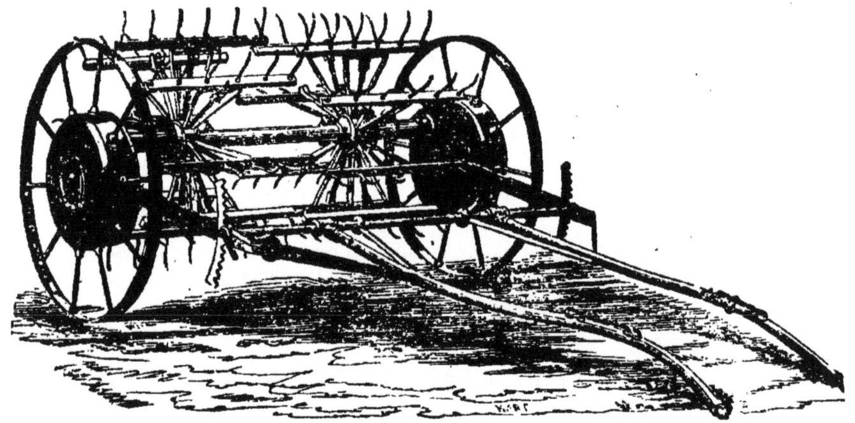

On calcule que la faneuse brevetée fait l'ouvrage de 16 à 20 ouvriers adultes ; il est absolument impossible de secouer et de séparer aussi bien le foin à la main qu'on peut le faire avec cette machine ; la récolte sèche beaucoup plus vite, et peut être rentrée un jour plus tôt. C'est un grand avantage dans les saisons pluvieuses.

Cet instrument a reçu, depuis 1858, d'importants perfectionnements.

Cette faneuse est moins compliquée, demande moins de tirage, donne moins de frottement et dure par conséquent plus longtemps.

Le pignon employé ordinairement pour renverser le mouvement n'existe pas dans cette machine ; il y a deux roues dentées distinctes dans chaque tambour ; une roue dentée ordinaire pour produire le mouvement d'arrière en avant ; une roue à dents internes, pour produire le mouvement contraire.

Un arrangement très-simple (un cric) sert à élever et à abaisser la faneuse. Les traverses qui portent les dents sont en fer forgé ; les dents y sont attachées par un système simple et solide. L'arrangement des ressorts permet à la machine de fonctionner sans encombre dans des sols inégaux. La machine est équilibrée de manière à peser le moins possible sur la sellette du cheval.

Les boîtes des roues et les fusées sont trempées par suite plus durables.

RATEAU A CHEVAL EN FER PERFECTIONNÉ

Premier prix de la Société royale d'agriculture, à Salisbury, en 1859.

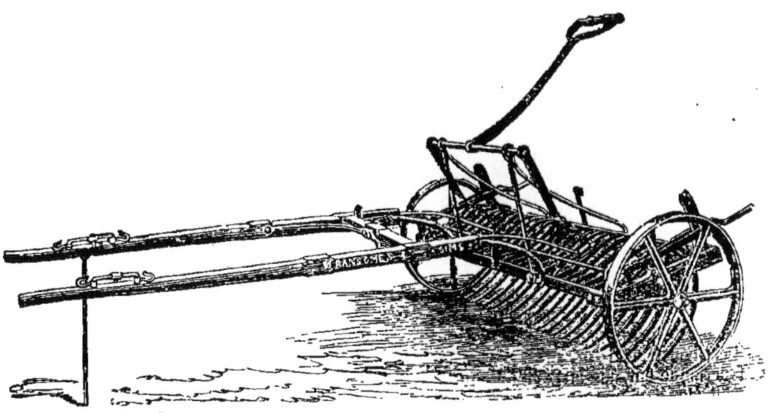

Les avantages de cet instrument léger sur le râteau à cheval ordinaire sont que l'on peut facilement le vider tout en marchant, par une simple pression sur le levier, qui fait soulever instantanément toutes les dents, et aussi que chaque dent joue indépendamment des autres sur l'axe commun, en sorte que l'ensemble de l'instrument s'adapte de lui-même aux inégalités du sol.

Améliorations apportées depuis peu dans la construction de cet instrument.

Courbure des dents calculée pour améliorer leur fonctionnement et leur permettre de ramasser une plus grande quantité de foin.

Des leviers placés des deux côtés du bâti permettent d'ajuster de suite la machine à toute espèce de travail.

L'entrure des dents peut être réglée de manière à les faire pénétrer dans le sol, ou gratter légèrement la surface.

Au moyen d'une tringle à coulisse, on peut élever une dent sur deux, de manière à l'empêcher de fonctionner, ce qui est fort utile quand le râteau est employé à ramasser le chiendent et les autres herbes arrachées par la herse.

Les roues sont en fer et pourvues d'un mécanisme fort simple pour permettre de les élever ou de les abaisser selon les circonstances.

Ce rateau se fait avec des dents en fer ou en acier; les dernières se recommandent par leur force et leur légèreté.

RATEAU A MAIN EN FER, BREVETÉ, DE SMITH & ASHBY
Perfectionné par Ransomes et Sims

Ce râteau, qui est monté sur roues, est fait presque en entier de fer forgé léger :
il est construit d'après le même principe que le râteau à cheval décrit ci-dessus ; il
fonctionne sur une largeur de 1^m,50. Il est, au total, fort simple et fort efficace, et
peut être employé par un enfant de 15 à 16 ans.

RATEAU A MAIN

La gravure ci-dessus représente un râteau à main de la forme la plus simple, qui
rend les plus grands services, au moment de la moisson, pour ramasser les épis
épars qui ont échappé à la faux ou à la faucille. Il est armé de dents aciérées et
fonctionne sur une largeur de 1^m,45.

VOLÉE D'ATTELAGE EN FER, AVEC PALONNIERS RHOMBOÏDAUX

Médaille d'argent au concours de Southampton.

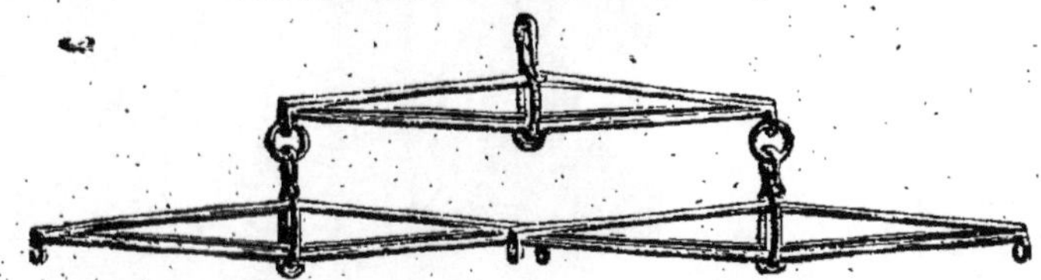

La gravure ci-jointe fera comprendre la construction de ces volées, qui sont établies d'après le principe théorique de la *résistance des triangles* et faites en fer forgé; elles sont peu pesantes. Cet arrangement leur donne une grande solidité, et prévient bien des accidents et des pertes de temps qui arrivent trop souvent avec les volées en bois.

GRIC

Pour les usages agricoles et autres, avec filet de vis en bronze :
N° 1. Pour élever 2,000 kilogrammes.
N° 2. — 4,000 kilogrammes.
Avec pied en fonte, vis forgée et filet de vis en fer :
N° 1. Pour élever 2,000 kilogrammes.
N° 2. — 4,000 kilogrammes.

CHÈVRE

A VOITURES PERFECTIONNÉE,

EN FER FORGÉ

Très-recommandable pour sa force, sa légèreté et sa puissance.

FAUCHEUSE (BREVET ALLEN), Burgess et Key, fabricants.

Cette machine est reconnue aux Etats-Unis comme la meilleure faucheuse que l'on ait encore présentée au public. Elle y a reçu dix-huit prix. Elle a été introduite en Angleterre pendant la moisson de 1858. Une de ces machines a coupé 120 hectares de prairie et de trèfle, plus ras et mieux que la faux, et avec une dépense moitié moindre. La construction en est simple et durable. On la conduit facilement.

Avant de présenter cette machine au public agricole, MM. Burgess et Key l'ont soumise à de consciencieuses épreuves sous le double rapport du fonctionnement et de la solidité, plus importante encore. Une même machine a coupé, sur l'exploitation de M. Hall, à Havering, Romford, Essex, 33 hectares d'herbe de prairies; la même machine a ensuite fauché, chez M. Tabrum, à Bovis hall près Brentwood, Essex, 40 hectares d'herbe et 8 hectares de trèfle; ce travail a été reconnu supérieur à celui de la faux, et s'est exécuté à raison de 40 ares par heure. j'ai déjà reçu pour cette saison beaucoup de commandes, et j'engage les personnes qui désireraient de ces machines à se faire inscrire de suite, afin de ne pas éprouver de retard.

MACHINE À MOISSONNER, brevetée, de Mac-Cormick, munie des rouleaux à hélice, brevetée, de Burgess et Key.

Cette machine à remporté les prix suivants :

PREMIER PRIX de 250 fr. accordé à Burgess et Key, par la Société royale d'agriculture d'Angleterre, au grand concours de Moissonneuses qui a eu lieu devant cette Société, à Leigh Court, propriété de M. W. Miles, membre du Parlement, le 26 août 1856.

PREMIER PRIX de la même Société, à Chelmsford, en 1857.
    D°   à Louth,   d°
    D°   à Hexham,   d°
    D°   de la Société royale d'agriculture d'Angleterre, à Salisbury, en 1857.
    D°   de 1,000 fr. et une médaille d'or au concours impérial de Fouilleuse, en 1858.

PRIX D'HONNEUR sur toutes les machines au même concours.

EXTRAIT DU RAPPORT DU JURY

sur le concours général de machines à moissonner tenu, sur le
domaine impérial de Fouilleuse, les 19, 20 et 21 juillet 1859.

La machine qui a paru au jury mériter le premier rang est celle envoyée
par MM. Burgess et Key, de Londres. Elle n'est autre que la machine primitive
de Mac Cormick, perfectionnée par les exposants, en ce sens que l'aide de
l'ouvrier javeleur n'est plus nécessaire. A mesure que les tiges de blé sont coupées
par le pied, elles tombent, entraînées par le poids de l'épi. D'ailleurs, abattues par le
volant qui leur a donné une inclinaison favorable au sciage, elles sont aussitôt saisies
par trois rangées d'hélices parallèles qui les conduisent jusque sur le sol ; là elles
sont renversées perpendiculairement au chemin tracé par la machine, les épis en
dehors, de manière à former des andains parfaitement réguliers. Une roue mobile
placée comme support extrême de la scie sous leur séparateur, se détache de celui-ci
dans les tournées, et pivote de manière à laisser fonctionner un écarteur et à faciliter
ainsi singulièrement la marche de la machine, qui franchit dès lors, sans arrêt et sans
hésitation, même les angles droits Devant le jury, et à plusieurs reprises, la machine
a coupé sur une largeur de 1ᵐ,70 avec une vitesse telle que plus de 60 ares à l'heure
se trouvent moissonnés. Deux chevaux la conduisent, et elle ne réclame que le char-
retier pour la diriger. Le travail produit a toujours été excellent , et le jury lui
a décerné le premier prix de la catégorie des machines étrangères, et, en outre, le
prix d'honneur.

Cette machine est bien connue en France. Elle remporta la grande médaille d'honneur à l'Exposition universelle de Paris, en 1855, et obtint en 1851 la médaille du
Conseil à la grande exposition anglaise de Londres. Elle fut importée d'Amérique par
l'inventeur, C. H. M'Cormihk. Dans la partie tranchante, elle est restée la même ;
mais elle a été perfectionnée dans la manière d'extraire le blé de la machine après
qu'il a été coupé. Dans l'origine, elle exigeait un homme pour enlever au râteau le
grain, ce qui était très-pénible. Actuellement, la machine est munie d'un mouvement
automateur et se débarrasse elle-même du grain.

Le rapport suivant de la Société royale d'agriculture d'Angleterre, en accordant à
cette machine le prix le plus considérable qui ait été jamais obtenu en Angleterre par
des moissonneuses, montrera comment agit la machine.

La machine à moissonner de Burgess et Key trace une voie certaine de 1ᵐ782,
et dans chaque opération où on l'a éprouvée, elle a montré une grande supériorité.
Elle a coupé avec une grande précision soit du blé, soit de l'orge, se tenant droit
ou partiellement couché, et en coupant à travers les mauvaises herbes, elle n'a
montré aucune tendance à s'engorger. La DÉCHARGE est particulière à cette machine,
et c'est le principal et le plus grand perfectionnement apporté depuis l'année dernière ; le grain, à mesure qu'on le coupe, tombe sur une série de cylindres, munis de

vis d'Archimède, par lesquels il est rendu en lignes bien formées aux côtés de la machine. Cette décharge, exécutée par la machine même, dispense du travail d'un homme, nécessité par les machines de Dray et de Palmer; et il a été prouvé qu'elle était capable de couper le blé et l'orge sans autre assistance que celle d'un garçon assez fort pour conduire une paire de chevaux. Le tirage aussi était beaucoup moindre que celui de toute autre machine; et les chevaux n'étaient pas astreints à marcher plus vite, ou à employer une plus grande force qu'il ne serait nécessaire pour labourer une terre de résistance moyenne.

Les juges n'ont point hésité à décerner à cette machine le premier prix de 30 liv. sterl. de la Société, et ils sont certains que tous ceux qui ont assisté aux épreuves approuveront cette décision.

Ce jugement fut confirmé en 1857, à l'assemblée de la Société royale d'agriculture à Salisbury, avec ces remarques additionnelles: que la facilité et la précision avec lesquelles la machine de MM. Burgess et Key a fonctionné la rendent tout à fait digne du premier prix, et que toutes remarques ultérieures seraient inutiles, puisqu'elles ne pourraient être qu'une répétition du jugement prononcé à Leigh Court, tel qu'il est imprimé ci-dessus. Ce rapport a été unanimement signé par les huit juges et confirmé par leurs ingénieurs.

Depuis que ces perfectionnements ont été apportés à cette machine, elle a concouru avec presque toutes les variétés de moissonneuses connues, et cela avec un succès invariable.

Elle fonctionne sur les fermes:

De Sa Majesté impériale l'empereur des Français;

De Sa Majesté impériale l'empereur de Russie;

De Sa Majesté la reine d'Espagne;

De Son Altesse impériale la grande-duchesse Hélène de Russie;

De Son Altesse royale le prince Albert;

Du baron de Ricasoli, ministre de l'intérieur en Toscane;

Du grand-duc de Toscane;

De lord Derby;

De lord Faversham;

Et de plus de 700 membres de la noblesse et de membres de la Société royale d'agriculture.

Le nombre de machines vendues en Angleterre a été, en 1856, de 50; — en 1857, de 230; — en 1858, de 700, et les demandes augmentent encore cette année.

MACHINES A VAPEUR LOCOMOBILES

Société royale pour le perfectionnement de l'agriculture en Irlande, 1854. LE PRIX.
D°   d°   d°   1855.   d°
Grand concours international pour l'essai des machines à battre, à Bruxelles, avril 1858.
LE PREMIER PRIX.

Ces machines à vapeur locomobiles sont extrêmement simples, durables et faciles à manœuvrer. Elles rendent de bons services soit en Angleterre, soit à l'étranger.

La chaudière, qui est à chauffage tubulaire, est construite avec un soin particulier au point de vue de la durée, et sur le modèle des chaudières les plus approuvées pour locomotives. Elle est faite de la meilleure tôle du Yorkshire et du Staffordshire, avec des tubes de Lowmoor à l'intérieur du foyer, et elle est essayée à la pression de l'atmosphère et demi. Elle peut contenir une grande quantité d'eau autour du foyer et entre les tubes.

La manivelle est en fer forgé, et disposée de telle façon, que le volant et la poulie peuvent indifféremment se fixer aux deux bouts. La force est calculée à la pression de trois atmosphères. Aucune machine n'est livrée sans avoir été essayée à la vapeur.

Le foyer en cuivre et les tubes en laiton sont au moins 4 fois aussi durables que ceux en fer; ils demandent moins de combustible, et le métal, alors qu'ils sont usés, s'en revend presque au prix auquel nous les livrons.

A la dernière expérience qui a été faite par la société royale d'agriculture d'Angleterre, à Carlisle, une de nos machines ordinaires à 8 chevaux, munie d'un appareil à chauffer l'eau, et sans avoir subi au-

cune modification en vue des concours, à consommé, à la pression de trois atmosphères, en développant une force de huit chevaux, 19 kilog. 35 de charbon de terre des pays de Galles par heure, ce qui, à 25 fr. la tonne, représente une dépense de 4 fr. 84 par journée de 10 heures. La même machine, marchant à quatre atmosphères, développe une force de 15 chevaux, et consomme en conséquence du charbon en proportion de la force qu'elle donne en plus.

MACHINES A BATTRE, MUES PAR LA VAPEUR

MACHINES A BATTRE, MUES PAR LA VAPEUR

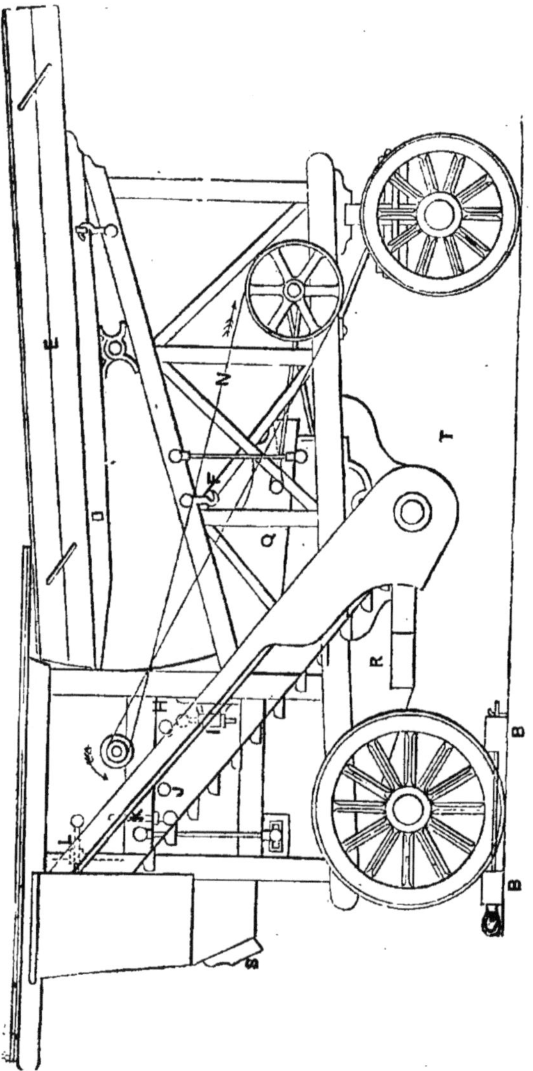

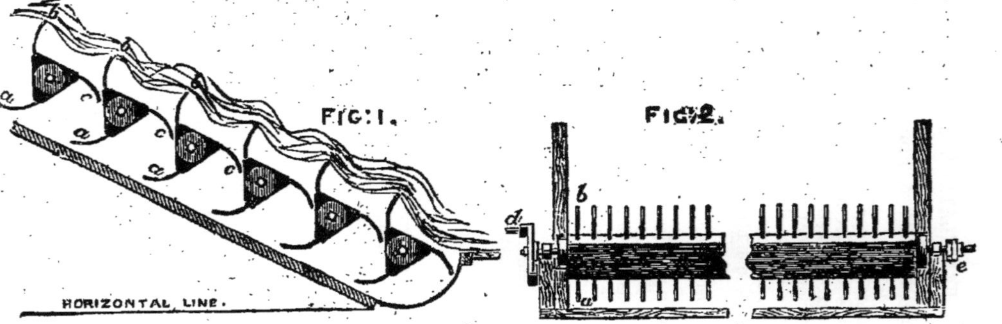
FIG:1.
a
c
a
c
a
c
c
HORIZONTAL LINE.
FIG:2.
d
b
a
e

Au concours de **Vienne**,   **1857**, une médaille d'or.

   D°   de **Pesth**,   d°   le plus haut diplôme de mérite qui ait été accordé.

   D°   d'**Amsterdam**, d°   une médaille d'or.

   D°   de **Paris**,   **1856**, une médaille d'or de 1re classe et 300 francs.

Au grand concours des machines à battre de la Société d'agriculture de **Belgique**, qui eut lieu dans la seconde semaine du mois d'avril 1858, à **Bruxelles**, une médaille d'or spéciale du grand module.

MACHINE N° 8, A VENTILATEUR SIMPLE, A CRIBLE, SECOUEUR, SOUFFLEUR & ÉBARBEUR D'ORGE

Cette machine a moins de parties sujettes à l'usure et moins de courroies de transmission qu'aucune autre machine connue pour exécuter le même travail.

Elle est munie du secoueur breveté de Brinsmead, à mouvements rotatifs, qui demande pour fonctionner moins de force qu'aucun autre secoueur, et qui dispense de ce mouvement brutal de va-et-vient si funeste à la durée des anciens secoueurs.

Elle est construite de telle façon, que tous les organes de la machine sont toujours sous l'œil du conducteur, qui peut facilement s'en approcher pour les huiler et les réparer.

C'est, de toutes les machines nettoyantes connues, la plus facile à tenir en bon état de réparation.

La manière dont cette machine bat l'orge est particulièrement favorable à la perfection de son maltage. Elle bat en travers, en sorte que la paille n'est ni brisée, ni courbée, ni abîmée en aucune façon. Après que le grain a été séparé de la paille par le tambour batteur, celle-ci passe dans le secoueur, qui rend cette machine différente de toutes les autres.

Un bon secoueur doit répondre à trois conditions :

1° Il doit séparer les brins de paille de telle façon, que tous les grains qui y sont restés retombent dans la machine.

2° Il doit ramener le grain et les courtes pailles ainsi séparés dans la partie de la machine où s'opère le nettoyage.

3° Il doit emmener la paille assez loin derrière la machine pour que l'on puisse facilement l'enlever.

Les anciens secoueurs à mouvement alternatif ne répondent qu'à la première et à la troisième de ces conditions, demandent beaucoup de force et s'usent rapidement. Pour obtenir la seconde condition, il faut ordinairement avoir recours à un appareil spécial, qui se compose le plus souvent de lourds cribles à mouvement alternatif, disposés sur un certain angle sous le secoueur, ou de quelque autre agencement lourd et compliqué; le secoueur à mouvement rotatif que porte cette machine remplit parfaitement les trois conditions. Il consiste en une série de rouleaux armés chacun de trois rangées de dents légèrement recourbées en arrière. Ces dents sont disposées de manière que l'extrémité des dents de l'un va presque toucher la circonférence de ses voisins, et aussi la planche qui forme le fond du secoueur. Ils tournent tous avec une vitesse égale, de sorte que, dès que la paille quitte le tambour batteur, elle s'avance en recevant continuellement de petits coups qui ressemblent exactement à ceux que lui donnerait un homme qui la secouerait à la fourche. Les dents des rouleaux touchant presque la planche du fond, repoussent à chaque révolution les petites pailles et le grain vers l'appareil nettoyeur. Le secoueur n'ayant pas de mouvement de va-et-vient, ne demande que fort peu de force; et, comme cet organe remplit une partie des fonctions du crible, ce dernier est très-léger et n'exige qu'une force peu considérable. La machine est munie d'une série de cribles, dont les fonctions consistent à séparer les épis et les bouts de paille du grain et de la balle ; pendant que le grain passe au travers des cribles, il est soumis à une ventilation produite par le souffleur: on peut augmenter ou modérer cette ventilation à volonté.

MACHINE A BATTRE, A. I., A VENTILATEUR DOUBLE, COMPRENANT BATTEUR, SECOUEUR, CRIBLE, ÉBARBEUR D'ORGE, TARARE, & FINISSANT LE GRAIN POUR LE MARCHÉ

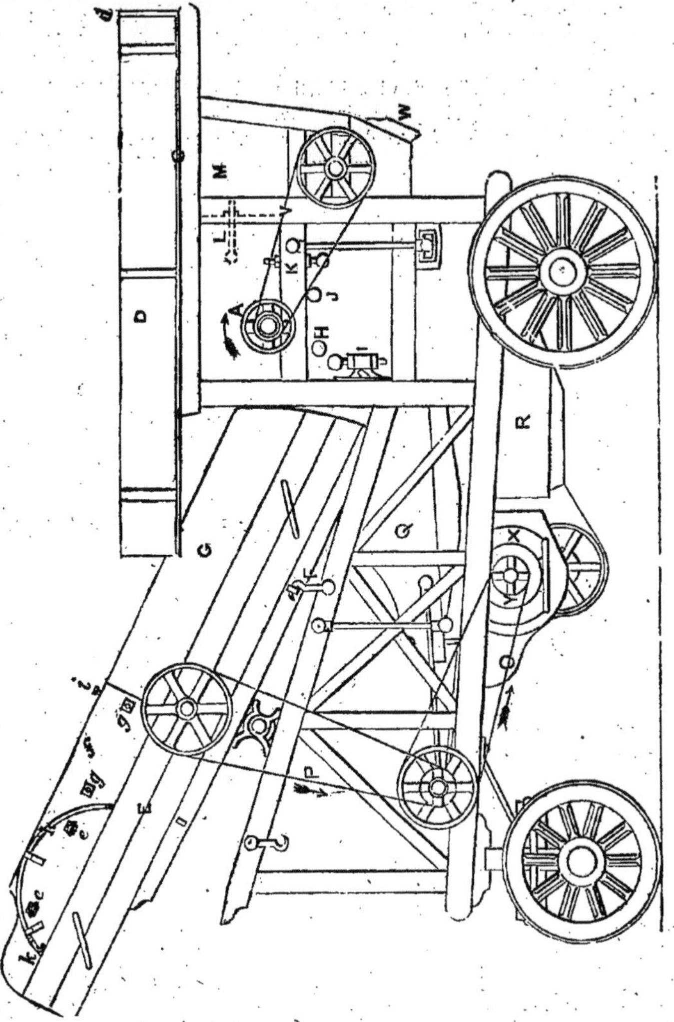

Elle se compose de la machine n° 8, munie d'un appareil pour finir le grain pour le

marché. On peut l'employer sans cet appareil, et alors elle a tous les avantages
de la machine n° 8.

Il suffit de déplacer un levier pour faire fonctionner l'appareil, qui soumet le grain
aux opérations additionnelles suivantes :

Le grain reçoit une double ventilation ; il passe à travers des cribles qui le séparent
des petites graines ; il traverse ensuite un crible breveté, qui le divise en deux qua-
lités, et que l'on peut ajuster à volonté selon la proportion que l'on veut obtenir de
bon grain et petit grain.

Dans cet état, la machine opère les séparations suivantes ; paille, balle, bouts de
paille brisée, otous, bon grain, petit grain, menues graines.

Cette machine n'est guère plus lourde ni plus encombrante que celle n° 8, et beaucoup moins compliquée que la plupart des autres machines qui finissent le grain pour
le marché.

MACHINES A BATTRE A MANÉGE

MACHINE A BATTRE LOCOMOBILE, DE LA FORCE DE QUATRE & DEUX CHEVAUX

Le système de ces machines est fort simple, et elles séparent parfaitement le grain de l'épi. Elles sont construites avec des tambours étroits pour les personnes qui ne tiennent pas à conserver la paille intacte; avec des tambours larges, la paille est moins brisée que par le battage au fléau. On peut les avoir soit montées avec le manége sur un truck de peu de hauteur, soit montées sur une paire de roues, et le manége sur un centre. La machine à 4 chevaux se charge aussi sur un même truck avec son manége; ce dernier est tout en fer, en sorte qu'il ne dévie aucunement par suite des variations de l'atmosphère. La couronne ou grande roue principale est faite de telle façon, que si une dent se brise, un ouvrier ordinaire peut la réparer sur place, à fort peu de frais.

Le manége peut facilement s'adapter à une transmission, de manière à mettre en mouvement de petites machines, telles que des hache-paille, des moulins, etc., etc.

Par un ajustement convenable du contre-batteur, on peut battre l'orge sans l'abîmer, de manière à en pouvoir faire du malt; on peut de même battre parfaitement les pois et les fèves.

Au concours de la Société royale à Cambridge, la machine à 4 chevaux a battu en une heure 22 hectolitres 47 litres de blé, le tout à la satisfaction du propriétaire du blé.

Lorsqu'on désire conserver la paille intacte, je puis fournir une machine à battre en travers; la paille et les épis se présentent horizontalement aux batteurs, et la première sert droite, sans être brisée et prête à être liée. Cette dernière machine convient surtout aux cultivateurs qui demeurent près des grandes villes, et auxquels il importe plus de produire de la paille droite et intacte que de battre avec une grande rapidité.

TARARES

TARARE NOUVEAU MODÈLE, N° 4

Cette machine possède divers avantages sur tous les autres tarares que nous avons construits jusqu'ici.

Pour nettoyer du blé plein de balles, on se sert seulement d'un crible de 0^{m}125 de mailles. Pour nettoyer celui qui sort de la machine à battre à simple ventilateur, on emploie un crible de 0^{m}125 ou de 0^{m}109 en dessus et un plus fin dessous. La coulisse des cribles est ajustée de manière que l'on peut donner à ceux-ci l'inclinaison qu'on veut, et leur donner même un inclinaison variable, selon l'état du grain.

CYLINDRE TRIEUR

Ce crible breveté s'ajuste rapidement et facilement; un arrangement fort simple lui permet de se nettoyer par lui-même.

Il sépare le bon grain du petit grain. On peut régler à volonté la distance entre les fils de fer, en sorte que l'acheteur de la machine ou le cultivateur qui la loue peut obtenir la proportion de grain de rebut qui lui convient le mieux.

MOULIN A FARINE

Ce moulin convient parfaitement pour moudre toute espèce de produits agricoles.
Il se compose de meules en pierres meulières de France, de 0^m 914 de diamètre,
montées sur un port bâti en bois on le fait mouvoir soit par un manége, soit à la
vapeur.

On peut facilement et promptement régler l'écartement des meules de manière à
moudre de la fine farine, à concasser de l'avoine ou des féveroles, etc., etc. Il peut
moudre par heure environ 145 litres de farine d'orge, ou 110 litres de fine farine de
blé.

Monté avec des meules de 0^m 761 de diamètre, ce moulin peut être mû par deux
chevaux de ferme. Le moulin de 0^m 914 exige trois chevaux ; il en faut quatre quand
on y ajoute le blutoir. Je les vends souvent avec un blutoir complet, disposé conve-
nablement dans le bâti ; par ce moyen on peut préparer de la farine aussi belle que
celle que produisent les meilleurs moulins.

CONCASSEURS

CONCASSEUR ÉCRASEUR A ROULEAUX LISSES, PRIMÉ, N° 6

PREMIER PRIX au concours de la Société royale, à Chester, en 1858.

D°   d°   de Rotterdam.   d°

Je recommande chaudement cet instrument aux agriculteurs. Il est construit
entièrement en fer est très-simple et très-efficace, peut être mû à bras, par un manége
ou par la vapeur. Avec deux hommes il écrase l'hectolitre 45 d'avoine ou de graine
de lin par heure; avec un cheval, de 5 1/2 hectolitres à 7 hectolitres 20 litres.

CONCASSEUR UNIVERSEL, BREVETÉ, N° 14

comprenant sur le même bâti un écraseur à rouleaux lisses
et un concasseur de féves.

Cet instrument sert à concasser toute espèce de grains, depuis les plus grosses féves jusqu'aux plus petites graines; il fonctionne également bien avec les grains durs et avec les grains tendres. Le concasseur de féves est placé à l'une des extrémités du bâti, au lieu d'être sur le côté, comme dans le n° 75, concasseur de la même espèce mais plus gros. Lorsque l'on veut écraser de l'avoine et concasser des féves en même temps, il faut la force de deux chevaux; toutefois, deux hommes peuvent le travailler.

CONCASSEUR BREVETÉ DE BIDDEL, N° 4

sur bâti en fonte.

Médaille d'argent de la Société royale,   à Glocester.
D°   d°   du Yorkshire, à York.

Ce concasseur casse également bien les grosses et les petites fèves, qu'elles soient dures ou molles; il ne peut jamais s'engorger et demande pour casser une quantité donnée de féveroles, moins de force que le concasseur de féveroles ordinaires. Son grand perfectionnement consiste en ce que les dents sont faites de morceaux d'acier séparés, et fixés dans un cylindre, chaque dent a trois arêtes tranchantes, de façon que l'une de ces arêtes étant émoussée, on enlève la dent, on lui fait faire sur elle-même un tiers de tour et on la replace; on présente ainsi une nouvelle arête aux fèves.

Avec cet instrument, un homme peut préparer 110 litres de fèves par heure.
D°   deux hommes   180 litres   d°.

NOUVEAU CONCASSEUR D'AVOINE A MAIN, EN ACIER, BREVETÉ
DE BIDDELL, N° 4

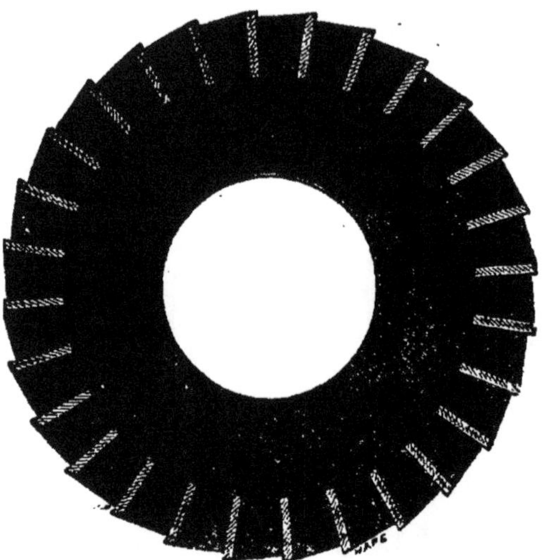

Ce puissant concasseur à main en acier, de la même forme que le concasseur breveté de Biddell, convient bien pour préparer l'avoine pour la nourriture du bétail. Il est de construction simple et peu exposé à se déranger.

Un homme le fait fonctionner facilement et broie de 110 à 130 litres d'avoine par heure.

Cet instrument coûte moins cher que le vieux concasseur et lui est très-supérieur. Les parties tranchantes sont faites de pur acier, et enchâssées dans de la fonte. Cette disposition permet au fabricant de durcir l'acier autant que le permettent le feu et l'eau; la fonte ne se durcissant pas par la trempe, on obtient à la fois la ténacité de la fonte douce et la dureté de l'acier trempé; ceci constitue un excellent instrument, coûtant bien meilleur marché qu'autrefois, où l'on faisait les noix en fer forgé et où on les trempait en paquet, opération coûteuse.

CONCASSEUR BREVETÉ EN ACIER, A DOUBLE ACTION, POUR AVOINE & FÉVEROLES, MONTÉ SUR COLONNE EN FONTE N° 10.

Cet instrument ne fonctionne qu'à bras ; il a été construit dans le but de présenter aux agriculteurs un concasseur à la fois puissant et d'un prix peu élevé, pour préparer les féveroles et l'avoine pour le bétail. Il se compose de la combinaison du concasseur de fèves breveté de Biddell pour casser les fèves dures ou molles, et de son concasseur d'avoine breveté en acier. Les deux noix sont montées sur le même axe ; le même volant, les mêmes engrenages, le même pied et la même trémie servent à tous les deux.

CONCASSEUR DE FÉVEROLES, D'AVOINE & DE TOURTEAUX,

A TRIPLE ACTION, BREVETÉ N° 11

Cet instrument fonctionne à bras : il se compose de trois concasseurs montés sur un même bâti. Ce sont : *un concasseur de féveroles breveté de Biddell*, décrit plus haut, qui peut en casser 80 litres par heure ; *un concasseur d'avoine breveté de Biddell, en acier*, page 32, pouvant débiter de 110 à 180 litres d'avoine par heure ; enfin *un concasseur de tourteaux* n° 2, page   , destiné à briser les tourteaux d'huile à la grosseur convenable pour les bêtes à cornes et pour les moutons.

CONCASSEUR DE FÉVEROLES, D'AVOINE & DE TOURTEAUX,

A TRIPLE ACTION, BREVETÉ N° 17

Cet instrument est pareil au n° 11, avec cette différence que le concasseur de tourteaux est plus grand et muni d'un appareil pour séparer la poussière des morceaux cassés.

NOUVEAU MANÉGE A UN CHEVAL, PERFECTIONNÉ

AVEC TRANSMISSION DE MOUVEMENT

pour faire mouvoir un hache-paille ou tout autre petit instrument.

La construction de ce manége est fort simple et fort élégante. Il tient extrêmement peu de place. Etant construit presque entièrement en fonte, il est très durable et n'a pas besoin d'être placé à couvert : le bras de ce manége peut facilement s'enlever et se mettre à l'abri de la pluie. Le bâti est fondu d'une seule pièce, et ne risque pas, par conséquent, de jouer ou de se forcer, comme il arrive souvent pour les manéges construits en bois ou en pièces de fonte assemblées. Il tourne sans effort, coûte peu et rend beaucoup de service.

HACHE-PAILLE UNIVERSEL, N° 7

Cet instrument peut être mis en mouvement par un homme, par deux hommes, un manège ou une machine à vapeur ; en y adaptant des roues dentées de différents diamètres, on peut en obtenir plusieurs longueurs de paille. Le bâti est en fonte ; ce hache-paille est muni de rouleaux alimenteurs mobiles et d'une gueule en fonte.

HACHE-PAILLE A BRAS, N° 14

Ce hache-paille est muni d'un rouleau alimenteur; un jeune garçon peut le faire fonctionner, et couper facilement une botte de paille ou de foin de 5 kilogrammes environ en cinq minutes.

HACHE-PAILLE A BRAS, N° 15

Cet instrument a deux lames; il est tout en fer et est fixé sur un bâti en bois. La gueule a 0m,20 de large : la paille est coupée en longueur de 4 1/2 millimètres; un enfant un peu fort le fait fonctionner.

NOUVEAUX COUPE-RACINES BREVETÉS & PRIMÉS DE BIDDEL

Le n° 22 a remporté le **PREMIER PRIX** de la Soci. t ; roy.le d'agriculture d'Angleterre,
en 1858, comme étant le meilleur coupe-racines pour fonctionner au manége ou à la
vapeur.

Dans ces excellentes machines, qui sont établies avec le plus grand soin, les couteaux restent stationnaires, tandis que la trémie tourne autour d'un axe vertical. Cet arrangement donne toute facilité pour couper; il est absolument impossible qu'il s'échappe un morceau de racine non coupé. La trémie est divisée en trois sections, que l'on peut remplir toutes trois, et dont on peut ne remplir qu'une ou deux, suivant la force employée à faire mouvoir la machine, en sorte qu'un petit garçon même peut la faire fonctionner.

La trémie étant continuellement en mouvement, tandis que la machine fonctionne, les racines ne sont pas retenues par les parois, comme il arrive dans les autres coupe-racines; les côtés et le fond de la trémie sont percés de trous pour laisser échapper les pierres. Toute la machine est solidement reliée dans toutes ses parties, en sorte que, tandis que l'on peut la monter sur des roues ou la placer sur une brouette, le principe du bâti triangulaire se maintient toujours. Les coupe-racines brevetés sont marqués comme il suit, sur la plaque qui porte les couteaux. Le numéro désigne la machine ; la lettre S indique qu'elle est de la petite dimension, et la lettre L, qu'elle est de la grande dimension.

N° 20 S }
N° 20 L } machines à simple action pour couper à 15 millimètres d'épaisseur.

N° 21 S } d°   d°   pour couper en rubans de 18 1/2 sur
N° 21 L }   15 millimètres.

N° 22 S } d° à double action, pour faire le même travail que les ma-
N° 22 L } chines n° 20 et 21 S, ou 20 et 21 L respectivement.

N° 23 S } d° à simple action, pour faire des bandes de 12 millimètres
N° 23 L } sur 9 et sur 4 1/2 millimètres.

N° 24 S } d° à simple action, pour faire des bandes d'environ 12 mil-
N° 24 L } limètres de large sur 3 millimètres d'épaisseur.

COUPE-TURNEPS A BRAS

Cet instrument coupe les turneps pour la nourriture des moutons et des bœufs ; un jeune garçon peut le faire fonctionner ; on le trouvera fort utile sur les petites exploitations.

CONCASSEUR DE TOURTEAUX, N° 4

Cet instrument brise les tourteaux destinés à la nourriture des bêtes à cornes et des bêtes à laine, en gros ou petits morceaux à volonté. Les cylindres sont trempés et s'ajustent à l'aide de vis de pression, pour les mettre en état de casser plus ou moins gros : le tourteau brisé retombe sur un crible incliné qui sépare les morceaux de sa poussière.

SCIERIE CIRCULAIRE PERFECTIONNÉE

La scie circulaire, qui a 0m,60 de diamètre, est fixée sur une table en fonte parfaitement faite et planée ; une poutre est placée sur l'axe même de la scie, et la table porte un guide parallèle qui garantit la bonne direction du trait de scie. Au bout de l'axe se fixent des mèches à percer qui seront d'une grande utilité pour fabriquer des palissades, etc. J'expédie la scierie circulaire prête à être boutonnée sur le sol ou sur châssis en bois. La table est assez grande pour permettre d'employer une scie de 0m,914.

PULPEUR BREVETÉ DE LAMBERT

Cet instrument est établi pour fonctionner soit à force d'homme, soit par un manége ou par la vapeur. La construction en est simple et solide. Le pulpeur se compose d'un cône en fer forgé, sur lequel sont fixés des couteaux recourbés ; ce cône travaille contre une cloison côtelée. Cet instrument produit des pulpes plus rapidement qu'aucun de ceux construits jusqu'ici.

BARATTE BREVETÉE D'ANTHONY

Cette baratte est d'une extrême simplicité. Le beurre est fait d'une façon tout à fait satisfaisante en 12 minutes, et on obtient un rendement de beurre supérieur à ceux produits jusqu'ici par les autres méthodes.

SEMOIRS

SEMOIR A BLÉ, NEUF RANGS, DE GARRETT & FILS

Médaille d'or d'honneur au Concours universel de Paris, 1855.

Deux grandes médailles d'or au Concours d'agriculture de Paris, 1856.

Médaille d'or au concours de Vienne, 1857.

Cet instrument, le plus répandu et le mieux établi parmi tous ceux qui sont construits, est destiné à semer toute espèce de graines en ligne, à n'importe quelle profondeur, largeur et quantité.

SEMOIR ÉCONOMIQUE, A GRAINES & ENGRAIS PULVÉRULENTS
DE GARRETT & FILS

Cet instrument, destiné aux mêmes usages que celui ci-dessus, possède en plus un appareil pour répandre des engrais pulvérulents; le compartiment contenant la semence est fait séparément de l'appareil aux engrais pulvérulents; ce dernier peut s'enlever à volonté et ne laisser qu'un semoir ordinaire à graines.

DISTRIBUTEUR D'ENGRAIS, DE CHAMBER, AMÉLIORÉ PAR GARRETT & FILS

Médaille d'or d'honneur au concours d'agriculture de Paris, 1855.
D° de 1re classe c° de Vienne, 1857.
PREMIER PRIX au concours de la Société royale d'Angleterre, Salisbury, 1857.
D° c° de Brunswick, 1858.

Cette machine, sur laquelle j'appelle l'attention des agriculteurs, est construite d'après un principe nouveau: la distribution des engrais, quelque humide qu'ils soient, s'opère toujours uniformément et régulièrement, à n'importe quelle quantité, depuis 135 litres jusqu'à 435 hectolitres à l'hectare.

Largeur extrême, 2m50, longueur, 2m.

HOUE A CHEVAL, ADAPTÉE AUX SEMOIRS DE GARRETT & FILS

PREMIER PRIX au concours de la Société royale d'agriculture d'Angleterre de Salisbury, en 1857.

Cette houe, adaptée aux semoirs de Garett et fils, s'emploie pour toute espèce de culture en ligne.

Chaque houe est fixée sur un levier séparé, et est maintenue à une profondeur uniforme, à l'aide de clefs régulatrices; quelle que soit l'inégalité du sol, les mauvaises herbes sont efficacement détruites.

SEMOIR A MAIN POUR BETTERAVES SUR ADOS OU PLANCHES DE HUNT

Ce semoir, très-simple et bien construit, est d'une grande utilité sur les petites exploitations.

SEMOIR A CHEVAL POUR BETTERAVES & ENGRAIS PULVÉRULENTS, DE HORMSBY & FILS

PREMIER PRIX au concours de la Société royale d'Agriculture, Salisbury, 1857.

AUGES POUR COCHONS

1m. 829

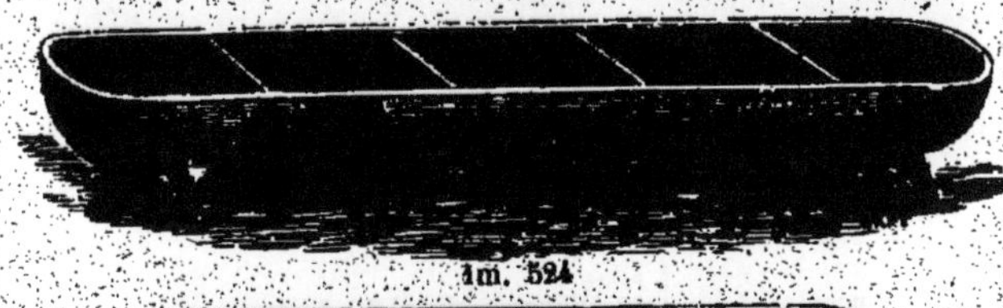

1m. 524

1m. 219

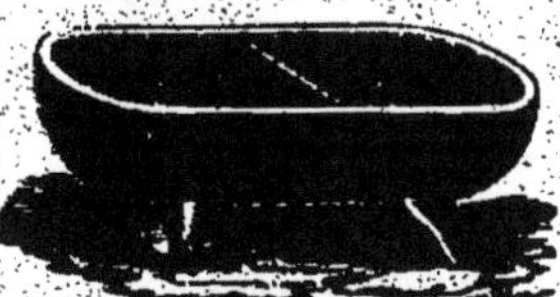

0m. 914

0m. 609

AUGES CIRCULAIRES POUR LES COCHONS GRANDS & PETITS

6 ou 8 séparations; diamètre 0m. 809
profondeur 0m. 133
9 ou 10 séparations; diamètre 0m. 587
profondeur 0m. 082

11 séparations, diamètre 0m. 787
profondeur 0m. 165

PRIX-COURANT

DES

INSTRUMENTS ARATOIRES ET MACHINES AGRICOLES

DÉCRITS DANS LE CATALOGUE PRÉCÉDENT

A^{de} M^{on} BÉNARD. — IMP. POITEVIN, SELIGNE ET Cie, S^t. PASSAGE ET PLACE DU CAIRE, 2.

SUPERPHOSPHATE DE CHAUX ET ENGRAIS NITROPHOSPHATÉS
de la Compagnie anglaise dirigée par JONAS WEBB
PROCÉDÉ BREVETÉ D'ODAMS

Les engrais d'os broyés et dissous par l'acide sulfurique, puis dosés d'azote au moyen de sang desséché dans des proportions convenables pour toute espèce de récolte, sont aujourd'hui reconnus indispensables à l'agriculture. La pratique agricole de l'Angleterre en a consacré les avantages de la manière la plus irréfragable depuis un grand nombre d'années, et les heureux résultats de l'emploi des superphosphates ont été pleinement expliqués et corroborés par les expériences des plus éminents chimistes et des plus savants agronomes.

Je recommande sincèrement l'emploi de ces engrais sérieux aux agriculteurs amis du progrès et désireux de gagner de l'argent; comme représentant, pour la France, de la Compagnie, j'en ai depuis quelques mois des ventes importantes.

EMPLOI

Superphosphate de chaux. *Navets*, de 300 à 400 kilogrammes à l'hectare, semés avec la graine et recouverts par un hersage. 18 francs les 100 kilogr., pris à Paris.

Nitrophosphate avec 1/2 a 2 0/0 ammoniaque. 21 francs les 100 kilogr., pris à Paris.

Turneps, de 300 à 400 kilogr. à l'hectare, sans fumier de ferme, et 250 kilogr. seulement avec 1/2 fumure de ce dernier.

Betteraves, 300 kilogr. à l'hectare avec 300 kilogr. sel; ce mélange semé avec la graine.

Nitrophosphate avec 4 a 5 0/0 ammoniaque. 24 francs les 100 kilogr., pris à Paris.

Blé, avoine et orge. 1° 300 à 400 kilogr. à l'hectare enfouis avec la semence, soit à l'aide du semoir, soit à la volée.

2° 200 à 300 kilogr. en couverture au printemps sur une céréale fumée d'engrais de ferme et ayant mauvaise apparence. Cette fumure donne de la force à la paille et une récolte plus abondante en grains.

Pommes de terre, 300 kilogr. à l'hectare avec 1/2 fumure d'engrais de ferme; croissance saine et vigoureuse; peu de cas de maladie.

Pois et haricots, de 300 à 400 kilogr. à l'hectare; 2/3 avec la semence, 1/3 à la 1re façon.

Prairies, luzernes et trèfles, de 300 à 400 kilogr. à l'hectare répandues en couverture au printemps.

**S'adresser, pour l'acquisition de ces engrais, à M. Léon DETHAN,
106, rue de Charonne, à Paris.**

PARIS — MAISON BÉNARD ET Cie — IMP. POITEVIN, SÉRINGE ET Cie, place du Caire, 2

www.ingramcontent.com/pod-product-compliance
Ingram Content Group UK Ltd.
Pitfield, Milton Keynes, MK11 3LW, UK
UKHW021715130726
13696UKWH00004B/1836